LES ÉTAPES DU PROGRÈS

Grandeur et Décadence

du Chapeau haut de forme

Communication faite à la séance mensuelle du 27 octobre 1908
de la Société LE VIEUX PAPIER

PAR

HENRY VIVAREZ

ANCIEN ÉLÈVE DE L'ÉCOLE POLYTECHNIQUE
PRÉSIDENT DE LA SOCIÉTÉ " LE VIEUX PAPIER "

LILLE
IMPRIMERIE LEFEBVRE-DUCROCQ
—
1908

LES ÉTAPES DU PROGRÈS

Grandeur et Décadence

du Chapeau haut de forme

Communication faite à la séance mensuelle du 27 octobre 1908
de la Société LE VIEUX PAPIER

PAR

Henry VIVAREZ

ANCIEN ÉLÈVE DE L'ÉCOLE POLYTECHNIQUE
PRÉSIDENT DE LA SOCIÉTÉ " LE VIEUX PAPIER "

LILLE

IMPRIMERIE LEFEBVRE-DUCROCQ

1908

Grandeur et Décadence du Chapeau haut de forme [1].

CHAPEAU *haut de forme!* Pourquoi ce néologisme barbare, qui est en même temps un pléonasme, et quelle en est l'origine ? On aurait compris chapeau *haut,* ou chapeau de *forme haute,* mais chapeau *haut de forme !!!*

Quoi qu'il en soit, quand cet élément du costume contemporain, d'aspect et de dénomination si également bizarres, sera mort et définitivement enterré, il n'est pas douteux que nos descendants se demanderont, en en voyant l'image, comment leurs aïeux ont pu, pendant plus d'un siècle, s'accommoder d'une coiffure si incommode et si ridicule.

Il fut bien jugé, dès sa naissance. Elle fut l'œuvre d'un mercier anglais, Hetherington, qui s'étant avisé, le 15 janvier 1797, de sortir sur le strand, à Londres, le chef coiffé d'un chapeau de son invention, volumineux et insolite, ameuta le populaire excité par son étrangeté et causa un tel scandale que son auteur fut arrêté et conduit devant le lord-maire.

Le grand journal anglais, le *Times,* ayant pris fait et cause pour cet original, au nom du droit que chacun doit avoir de se vêtir comme il l'entend, l'incident tourna au profit de la mode nouvelle, malgré ce qu'elle pouvait avoir de critiquable au point de vue de l'esthétique pure.

Elle était lancée et il faut reconnaître qu'elle avait la vie dure, puisque, après plus de cent ans, elle a survécu aux fluctuations et aux caprices du goût public. Aujourd'hui, il paraît se lasser.

Le chapeau, *haut de forme,* est universellement repoussé et malgré les efforts que quelques fanatiques d'outre Manche ont tenté en sa faveur, malgré sa présence encore obligatoire dans les cérémonies officielles et les réunions mondaines, il est hors de doute qu'il est de plus en plus délaissé et sur le point de disparaître dans l'usage de la vie ordinaire.

---

1. Étude lue à la réunion du 27 octobre 1908.

Entre les dates extrêmes de sa naissance et de sa mort prochaine, il a, autour d'un principe resté immuable, évolué au gré de la fantaisie, changé de couleur, épousé des formes variées, modifiant tour à tour sa hauteur, la largeur de ses ailes, l'éclat de son lustre et rien n'est plus curieux que de réunir, comme j'ai tenté de le faire, plusieurs têtes couvertes de cette même coiffure, toujours la même, sous ses aspects différents.

Elle est toujours la même, en effet, puisqu'elle se borne à faire revivre, dans ses variétés, une figure géométrique bien connue, *le tronc de cône*, tantôt évasé par le bas, tantôt évasé par le haut, d'autres fois devenu cylindrique par l'égalité de ses bases, quelquefois, enfin, affectant cette forme cintrée que les mathématiciens appellent un *hyperboloïde de révolution*.

La question des chapeaux *hauts de forme* pourrait donc, pour ainsi dire, se traiter par la géométrie pure, si les têtes qu'ils recouvrent ne donnaient, à ces monuments inertes et rigides, un air de vie et, en quelque sorte, une personnalité qui ne peut se traduire en formules.

Il y a loin, cependant, des prodigalités d'imagination qu'ont exigées les variétés innombrables de la coiffure féminine, surtout depuis la Révolution, à la sécheresse d'invention que révèle l'histoire du chapeau masculin, de l'art, infini en ses ressources, de la modiste, à la pénurie des combinaisons des industriels qui se donnent l'ingrate mission d'encadrer et, si possible, d'embellir la figure des hommes.

*
* *

S'il fut un chapeau, *haut de forme*, dans l'acception la plus précise de ce qualificatif, c'est bien l'étrange coiffure que les soldats français promenèrent dans toute l'Europe pendant les guerres du premier Empire.

La gloire dont elle se couvrit empêcha sans doute de sentir les ridicules de ce pesant shako, incommode et mal équilibré, qui, du front s'élargissait jusqu'à une plateforme large comme une peau de tambour et que surmontait un haut et large plumet vacillant.

Quand il perdit ses attributs guerriers, les couleurs dont il se parait, les galons et les ornements de cuivre dont il était revêtu et devint un chapeau civil par la substitution d'une large bordure à sa visière, les yeux étaient sans doute habitués à l'exagération de sa taille, car il ne semble pas que qui que ce soit ait protesté contre l'étrangeté de ses formes.

Il avait d'ailleurs pour se faire respecter et pour réprimer les sourires, mieux que la tolérance de la mode, fille de la vanité, la susceptibilité, prompte à l'action, des officiers en demi-solde dont il casquait la figure martiale.

Sous l'Empire, sous la Restauration, c'est une coiffure aussi lourde au sens propre qu'au sens figuré, mais son poids ne paraît étonner personne, ni celui qui le vend, ni celui qui le porte, ni celui qui le contemple. Nulle migraine, nulle névralgie n'habitent sa coiffe pesante.

Le temps n'est pas encore venu où l'on verra un chapelier métaphorique prendre pour enseigne de sa fabrication l'image gracieuse et symbolique d'un chapeau *haut de forme* porté par un papillon.

*
* *

Quand on veut s'en donner la peine et chercher sans trop lésiner, il n'est pas très difficile de se documenter sur cette question.

A l'aurore de la Révolution, parmi tant de feuilles satiriques ou violentes, on voit naître le journal de modes qui s'est, plus tard, développé et répandu avec la rapidité que l'on sait.

Le premier fut le *Costume parisien,* publié par la Mezangère en 1797 et qui fournit une longue carrière jusqu'en 1821. Chaque année de cette publication comprend un petit volume de cent gravures, coloriées pour la plupart, où l'on voit se succéder, en un kaléidoscope papillotant, les modes de cette époque féconde [1].

D'autres sont venus, en même temps et plus tard, et l'ensemble constitue un amas considérable de documents très précieux et très curieux à consulter.

---

[1]. Cabinet des estampes de la Bibliothèque nationale, 20 volumes de planches; cent par volume. Cote Oa. 87.

Tous ne sont pas également faciles à se procurer. Très recherchés par les professionnels du costume, on les trouve assez rarement, surtout quand il s'agit des plus anciens, autrement qu'isolés et en petit nombre.

Mais quand on limite son ambition et son étude à une seule partie des

vêtements, quand, surtout, il s'agit du costume masculin, moins varié que celui de la femme, on arrive assez aisément à constituer une petite collection documentaire qui permet de suivre les évolutions de la mode et de relier entre elles ses manifestations successives.

Celle que j'ai réunie me donne le droit de douter, tout d'abord, que l'anglais Hetherington ait été bien réellement le premier inventeur du chapeau *haut de forme*.

J'ai trouvé, en effet, une ancienne lithographie en couleurs de Delpech, qui montre un jeune élégant de 1796, tenant de sa main gauche un grand chapeau noir aux larges ailes et à la forme très incurvée.

Il est vrai que l'image n'est pas contemporaine de la mode qu'elle retrace.

Pendant l'Empire, la Restauration et jusque vers le règne de Louis-Philippe, le chapeau *haut de forme*, fidèle à son nom, reste très haut, sensiblement plus large au sommet qu'au front, aux bords plutôt étroits.

Il est noir ou gris, recouvert de poils et déjà lustré.

C'est au commencement de cette période que se manifeste l'habitude des chapeliers de coller leur marque dans les chapeaux, non pas une marque simple et discrète comme ils le font aujourd'hui, mais une véritable image qui occupe tout le fond de la coiffure.

Ces images, assez difficiles à trouver aujourd'hui et dont l'usage était pratiqué aussi bien à l'étranger qu'en France, représentent généralement les diverses phases de la fabrication des chapeaux. On y voit les animaux, lapins ou chèvres, dont le poil sert à cet usage, le chasseur qui les poursuit, l'ouvrier qui les utilise. On jugera de l'allure de ces compositions par les spécimens reproduits ci-contre.

Avec le règne de Louis-Philippe, point culminant de son histoire, le chapeau *haut de forme* s'émancipe, s'allonge, prend la forme cylindrique et justifie pleinement le nom de *tuyau de poêle* qu'on lui a souvent donné.

Parallèlement, la coiffure militaire s'élève et prend des proportions inattendues. Voyez le shako dont est affublé Ferdinand-Philippe, duc d'Orléans, artilleur de la garde nationale. Par quel miracle d'équilibre pouvait-il se tenir droit, surtout sur la tête d'un cavalier? Mystère.

Les lithographies de Gavarni, dans le *Charivari* de la même époque, quoique consacrées à des réclames de tailleurs, de chapeliers et de modistes et, à ce titre, dénuées d'intentions caricaturales, soulignent très spirituellement les exagérations de la mode d'alors.

Telle est, parmi tant d'autres, celle où l'on voit trois jeunes gens, revêtus des costumes d'Humann, des chapeaux de Desprey, 28, boulevard des Italiens, des chemises de Longueville, 10, rue de Richelieu. Elle est fort divertissante et donne, à quelque distance, l'impression d'une rangée de tuyaux de cheminée.

L'Empire ramène le tube à des proportions plus raisonnables tout en lui donnant des bords larges et recourbés, d'une allure très caractéristique. C'est l'époque du *bolivar* qui a eu son temps de vogue et que la caricature a consacré.

Depuis, il s'est tenu dans des proportions modestes, tout en variant

Vignettes de fonds de chapeaux.

(Coll. H. Vivarez).

chaque saison pour en obliger le renouvellement. Mais il s'est surtout signalé par le brillant de son lustre. La troisième République est l'ère des *huit-reflets* et, si j'emprunte l'expression d'un chapelier des boulevards, « du *miroir* ».

Maintenant, il jette son dernier éclat et se meurt tout doucement sans que personne, ce semble, en France du moins, paraisse le regretter.

*
* *

Il n'entre pas, dans le programme de cette courte étude, de prendre le chapeau *haut de forme* à son berceau, entre les mains de celui qui le fabrique, mais je me suis demandé ce qu'il devenait après sa mort lorsque, épave amorphe, il échoue, bossué et crevé, dans la hotte du chiffonnier.

Il y a quelques années, une annonce, publiée dans les journaux, pouvait faire naître quelques illusions à cet égard.

Elle disait : *Donnez-moi quatre francs et un vieux chapeau, je vous en donnerai un neuf.*

Avec un peu d'imagination, on voyait, sous l'influence de l'offrande, la vieille coiffure se redresser, se lustrer et se métamorphoser en un chapeau flamboyant.

La découverte, dans un lot de paperasses, d'une ancienne facture, m'a permis de saisir l'extrémité d'un fil conducteur et d'apprendre quel est le sort des chapeaux qui ont cessé de plaire.

Cette facture est relative à l'envoi qu'un industriel de Paris faisait à un correspondant d'Angers de mille chapeaux, réunis en cinq ballots, au prix de o fr. 90 l'un.

Elle porte ce libellé :

Vieux Chapeaux de soie
pour refaire

Cantonné de deux vieux chapeaux en accordéon.

Je suis allé voir cet industriel qui, très obligeamment, m'a documenté sur la destinée des vieux chapeaux *hauts de forme*.

Il m'a appris que, dans ces carcasses informes, tout est utilisé ou à peu près.

La coiffe, faite d'un canevas imprégné de gomme laque, est passée à l'étuve, perd sa rigidité et, placée sur un nouveau moule, au goût du jour, est façonnée selon la forme à la mode.

Le tissu qui la recouvrait et qui est un tissu de soie, fabriqué comme tant d'autres à Lyon, en a été préalablement détaché. Lavé à la potasse et aussi dégraissé, puis reteint et lustré, il redevient neuf et va briller de nouveau sur d'autres têtes.

Cinq maisons monopolisent, ou à peu près, à Paris, le commerce des vieux chapeaux *hauts de forme*. La plus importante en expédie 25 à 30.000 par an. Mais c'est un commerce qui est en décadence et dont les jours sont comptés.

**
* **

Tandis que le *haut de forme* agonise, interrogeons son passé en nous arrêtant à quelques-unes des têtes célèbres ou simplement notoires qu'il a abritées et auxquelles il a contribué à donner un aspect qui les rend familières à notre mémoire.

LE PREMIER SOLDAT DE FRANCE, PAR GILL

De même que le souvenir du grand Empereur, qui était petit, est lié au souvenir de son petit chapeau, qui était grand, le *haut de forme* nous apparaît comme l'auréole symbolique, en quelque sorte obligatoire, de quelques personnages.

C'est la raison pour laquelle, cherchant chez les marchands d'estampes de quoi composer mon petit Panthéon des fidèles du chapeau *haut de forme*, j'ai trouvé des spécimens variés du portrait de M. Thiers, le grand bourgeois, qui, lui aussi, était de petite taille et dont on aime à se rappeler le mobile et spirituel visage abrité sous les ailes d'un volumineux couvre-chef.

Plusieurs maîtres de la caricature se sont plu, tour à tour, pendant sa longue carrière, à le représenter avec cet attribut caractéristique. Daumier, pendant vingt ans, de 1832 à 1852, puis Job, A. le Petit, André Gill, l'ont successivement « croqué » et les journaux illustrés qui ont paru après la guerre de 1870 lui ont consacré des pages brillantes qu'on recueille aujourd'hui avec curiosité.

Henri Monnier, dont le talent a immortalisé la figure de Joseph Prudhomme, personnage sorti presque tout entier de son imagination, avait emprunté quelques-uns de ses traits à l'illustre homme d'État et n'avait pas manqué d'en souligner la ressemblance en les couronnant de la même coiffure.

Autres temps, autre allure. Le chapeau d'Alfred de Musset, que nous montre une gracieuse et fine gravure d'Eugène Lamy, nous fait remonter à l'époque des Romantiques et au costume des dandys de 1840.

Je puis faire défiler sous vos yeux quelques chapeaux *hauts de forme* surmontant les visages bien connus de Rouher, Barbey d'Aurevilly, Jules Simon, Jules Janin, Gavarni, Rossini, Verdi, le comique Daubray, de bien d'autres encore, et je complète cette galerie par deux types, l'un fictif, l'autre réel, de malfaiteurs célèbres.

Le premier est Robert Macaire, modèle éternel de l'inventeur sans inventions, du bailleur de fonds sans caisse, du médecin célèbre sans malades, de l'illustre avocat sans causes [1], que Daumier a créé et que Frédérick Lemaître a immortalisé.

Le second est Louvel, l'assassin du duc de Berry qui, si l'on en croit un portrait lithographique que je mets sous vos yeux, monta sur l'échafaud un chapeau *haut de forme* couvrant sa tête près de tomber.

L'histoire parlementaire de l'Angleterre, au milieu du XIXᵉ siècle, me fournirait encore les éléments d'un développement plus complet de ce travail. Mais vous trouveriez sans doute que je m'attarde plus qu'il ne convient à un sujet aussi mince et je m'arrête, non cependant sans vous avoir présenté quelques-unes des innombrables physionomies caricaturales que le génie des Daumier et des Gavarni a croquées dans cet étonnant *Charivari*, qui fut si longtemps, pour nos pères et pour les plus vieux d'entre nous, le symbole de la plus spirituelle et de la moins vulgaire des satires.

Les têtes coiffées de notre *haut de forme* qu'il nous présente, lui empruntent un caractère qui marque leur place dans la hiérarchie sociale de cette époque et en fait des fantoches d'un comique irrésistible.

*
* *

J'ai terminé et n'ai plus qu'à conclure.

Il peut sembler excessif de donner comme conclusion à une banale question de costume un thème de philosophie.

---

1. CHAMPFLEURY. *Histoire de la caricature moderne.*

Cependant, pour peu qu'on y réfléchisse, l'histoire du chapeau *haut de forme* y conduit fatalement.

Depuis que la Révolution a supprimé les culottes et fait du pantalon le critérium de l'égalité entre les citoyens mâles de notre pays, c'est dans la coiffure que s'est réfugié le signe distinctif des classes, aussi bien pour l'un que pour l'autre sexe.

Pendant longtemps, le chapeau *haut de forme* a été monopolisé par l'aristocratie et la bourgeoisie, laissant aux petites gens l'usage du chapeau mou et de la casquette.

Il est devenu si évidemment un symbole de situation et de fortune que l'on a songé à l'imposer comme on l'a fait plus tard pour les automobiles.

Du côté féminin, c'est le chapeau, orné de plumes, de fleurs, de rubans, qui s'est mis en opposition avec le bonnet simple et les coiffes locales.

Seulement, plus ambitieuse que l'homme, plus adaptable que lui aux métamorphoses sociales, poussée d'ailleurs par un invincible besoin de coquetterie et de luxe, aidée par la séduction et le bon marché des grands magasins, la femme de modeste condition n'a pas tardé à sortir de son rang et à s'identifier, au moins par les signes apparents, avec celle des niveaux supérieurs.

Le bonnet a presque disparu, au grand détriment de la couleur locale et la fusion des castes et des toilettes, surtout par la coiffure, s'est faite par le haut.

Il en a été autrement pour l'autre sexe, moins accessible aux exigences de la mode et de l'élégance, plus sensible à celles de la commodité et de la pratique.

L'évolution s'est faite chez lui du compliqué au simple, du coûteux au moins cher. Le rapprochement des classes s'est fait du haut en bas.

Et voilà pourquoi, par suite du développement des idées démocratiques, le chapeau *haut de forme* disparaît petit à petit et n'est plus que d'un usage exceptionnel, tandis que la mode des chapeaux de femmes, larges comme des ombrelles et surmontés de véritables jardins, ne fait que croître et développer et que bientôt, grâce à l'identité des toilettes, on ne pourra plus distinguer une simple soubrette d'une duchesse, une femme distinguée d'une autre, si, par un phénomène imprévu, toutes perdaient l'usage de la parole.

www.ingramcontent.com/pod-product-compliance
Lightning Source LLC
Chambersburg PA
CBHW060735280326
41933CB00013B/2643